училище - yachay wasi	2
пътуване - ch'usay	5
транспорт - astana	8
град - llaqta	10
пейзаж - wanlla	14
ресторант - mikhuna wasi	17
супермаркет - jatun qhatu	20
напитки - upyanakuna	22
ядене - mikhuna	23
селски двор - chakra wasi	27
къща - wasi	31
всекидневна - k'illi wanlla	33
кухня - wayk'una wasi	35
баня - akana wasi	38
детска стая - wawa k'uchu	42
облекло - p'acha	44
офис - ujisina	49
икономика - qullqikamay	51
професии - llamk'aykuna	53
инструменти - ruk'awi	56
музикални инструменти - takichiy nakuna	57
зоологическа градина - jatun uywa kancha	59
спорт - atipanaku pukllay	62
дейности - ruwakuna	63
семейство - yawar masikuna	67
тяло - uqhu	68
болница - Jampina wasi	72
спешен случай - urjinsia	76
Земя - Pacha	77
часовник - phani (kuna)	79
седмица - qanchischaw	80
година - wata	81
форми - pacha tupusqa rikch'ay	83
цветове - llimp'ikuna	84
противоположности - wakjinakuna	85
числа - yupaykuna	88
езици - simikuna	90
кой / какво / как - pi / ima / imayna	91
къде - maypi	92

Impressum
Verlag: BABADADA GmbH, Nedderfeld 112 , 22529 Hamburg
Geschäftsführer / Verlagsleitung: Harald Hof
Druck: Books on Demand GmbH, In de Tarpen 42, 22848 Norderstedt

Imprint
Publisher: BABADADA GmbH, Nedderfeld 112 , 22529 Hamburg, Germany
Managing Director / Publishing direction: Harald Hof
Print: Books on Demand GmbH, In de Tarpen 42, 22848 Norderstedt

училище
yachay wasi

- деление — rak'iy
- черна дъска — pirqa qillqana
- класна стая — yachaqaywasi
- училищен двор — kancha
- учител — yachachiq
- хартия — raphi
- пиша — qillqay
- химикал — qillqana
- бюро — llamk'a jamp'ara
- линеал — chiqanchana
- книга — p'anqa
- ученик — yachaqaq

ученическа раница
wayaqa

ученически несесер
p'uktaki llimp'i qillqana

молив
yana qillqana

острилка за моливи
ñawch'ina

гума
qillqakhituna

блок за рисуване
qillqana p'anqa siq'inapaq

училище - yachay wasi

рисунка
siq'i

четка
chukcha llimp'ina

акварелни бои
p'uktaki llimp'ikuna

ножица
k'utuna

лепило
k'akachana

тетрадка за упражнения
qillqana p'anqa ruwanakuna

домашна работа
kamachinakuna

число
yupay

събиране
yapay

изваждане
qhichuqay

умножение
mirachay

смятане
yupanchay

буква
sanampa

азбука
sanampakuna

дума
simi rimay

училище - yachay wasi

текст qillqa	чета ñawiriy	тебешир iskuna

час yachachina	дневник на класа qillqana p'anqacha	изпит chaninchana

свидетелство certificaru	ученическа униформа uniforme	образование yachay

справочник jatun simi pirwa	университет Jatun yachaywasi	микроскоп microscopio
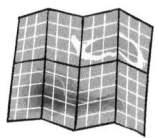		
карта saywa siq'i	кошче за хартиени отпадъци raphi chuqana	

училище - yachay wasi

пътуване
ch'usay

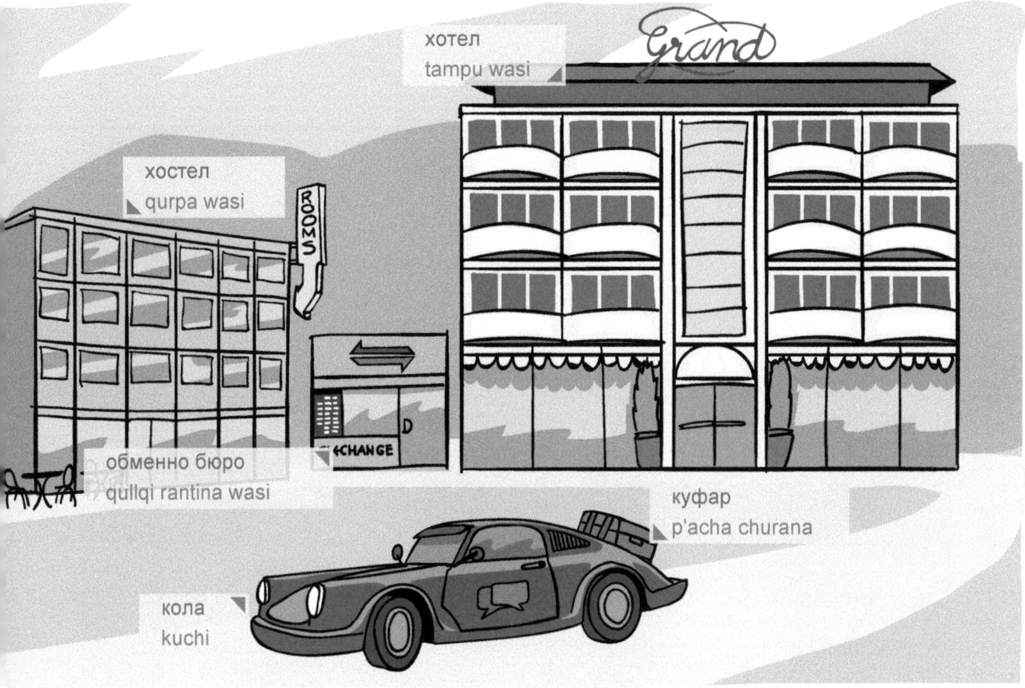

Grand
хотел
tampu wasi
хостел
qurpa wasi
ROOMS
обменно бюро
qullqi rantina wasi
куфар
p'acha churana
кола
kuchi

език

simi

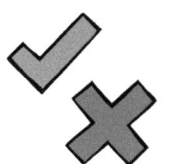

да / не

ari / mana

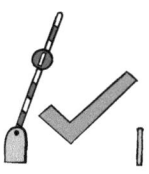

Окей

ari

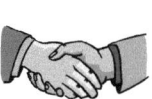

здравей

Imaynalla

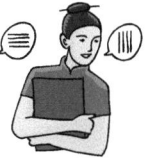

преводач

tikraq

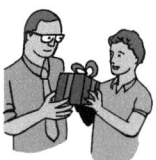

Благодаря

Pachi

 Колко струва…? ¡Machkhataq?	 Не разбирам Mana yachanichu	 проблем ch'ampay
 Добър вечер! ¡Allin tuta!	 Добро утро! ¡Allin P'unchaw!	 Лека нощ! ¡Allin tuta!
 довиждане tinkunakama	 посока pusachay wasi	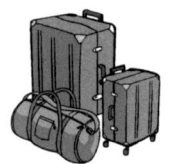 багаж q'ipi
 пътна чанта wayaqa	 раница wasa wayaqa	 посетител jamuynisqa
 стая wasi	 спален чувал puñunapaq wayaqa	 палатка tienda

пътуване - ch'usay

туристическа информация
turismu willakuy

плаж
quchapata

кредитна карта
tarjita kriditumanta

закуска
paqarin mikhuy

обед
chawpi p'unchaw mikhuy

вечеря
tuta mikhuy

билет
qullqi

асансьор
makina wicharinapaq

пощенска марка
unanchana

граница
saywa

митница
adwana

посолство
imwajada

виза
visa

паспорт
pasapurti

пътуване - ch'usay

транспорт
astana

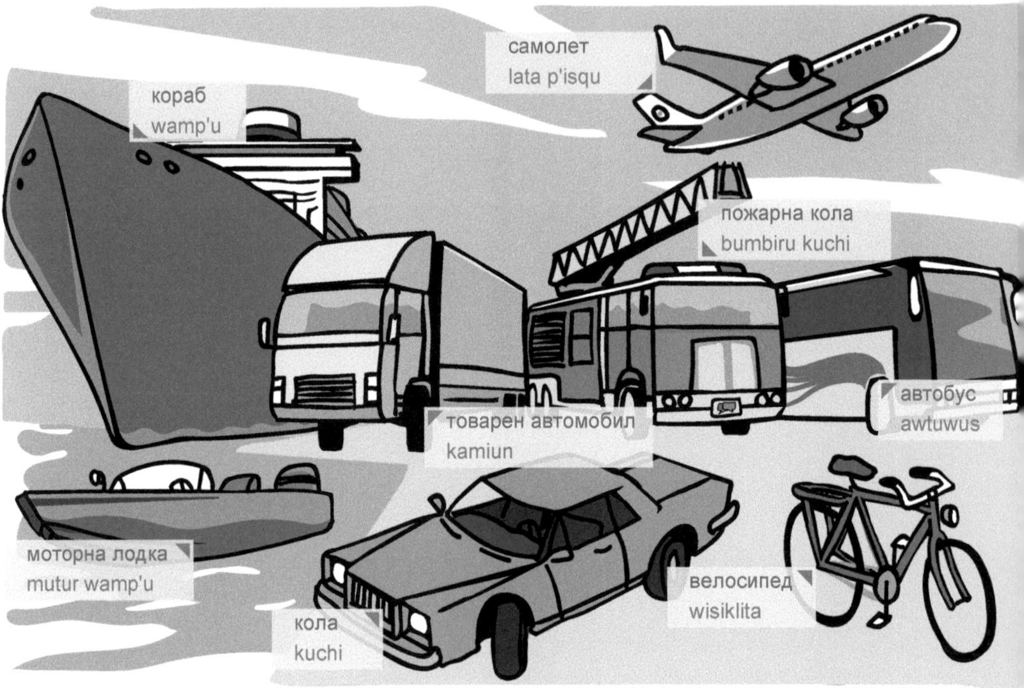

кораб
wamp'u

самолет
lata p'isqu

пожарна кола
bumbiru kuchi

товарен автомобил
kamiun

автобус
awtuwus

моторна лодка
mutur wamp'u

кола
kuchi

велосипед
wisiklita

ферибот

quchacha

лодка

wamp'u

мотоциклет

mutu

полицейска кола

pulisiyap autun

състезателна кола

usqay karru

кола под наем

kuchi manukuna

каршеринг

kuchi manu

автомобил от "Пътна помощ"

grua

сметовоз

q'upa kamiun

двигател

mutur

бензин

gasulina

бензиностанция

gasulinamanta istasiun

пътен знак

chakatana sanampa

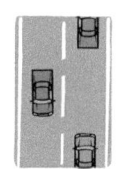

улично движение

trajiku

задръстване

chakatana

паркинг

istasiun

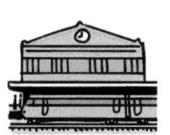

гара

trin estasiun

релси

ñankuna

влак

trin

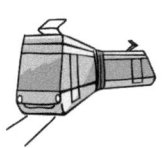

трамвай

tranwia

вагон

wagun

транспорт - astana

хеликоптер

ilikuptiru

аерогара

lata p'isqu kiti

кула

pukara

пасажер

pasaqlla

контейнер

jatun p'uktaki

кашон

karton p'uktaki

ръчна количка

kapachu

кошница

isanka

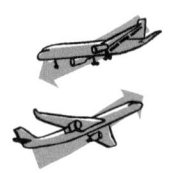

излитам / приземявам се

phaway / uray

град
llaqta

село

llaqta

градски център

chawpi jatun llaqta

къща

wasi

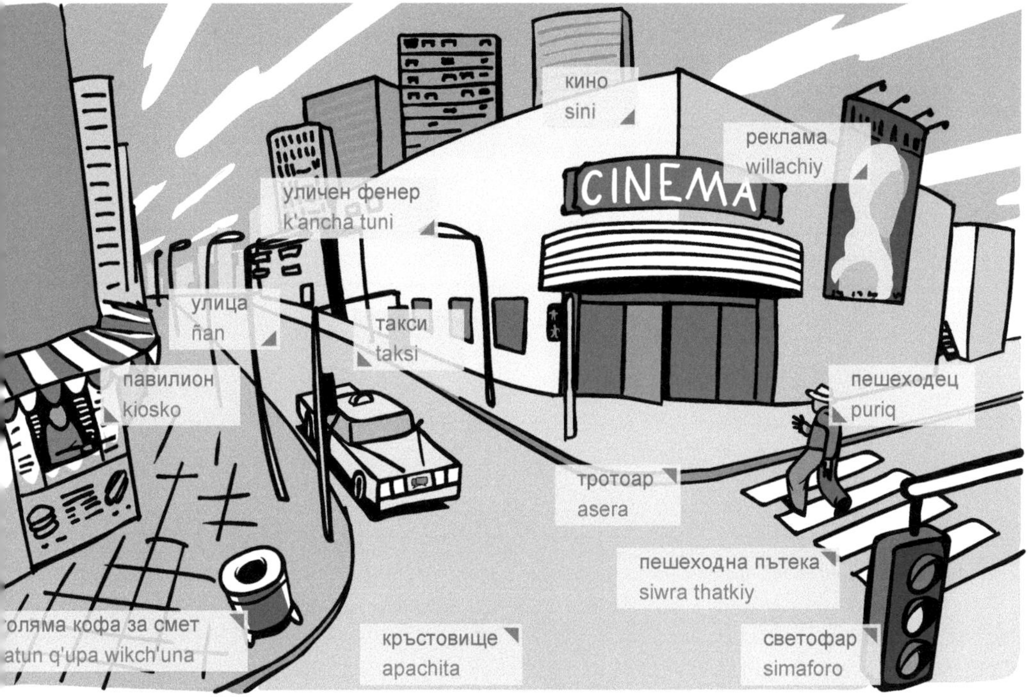

кино
sini

реклама
willachiy

уличен фенер
k'ancha tuni

улица
ñan

такси
taksi

павилион
kiosko

пешеходец
puriq

тротоар
asera

пешеходна пътека
siwra thatkiy

голяма кофа за смет
atun q'upa wikch'una

кръстовище
apachita

светофар
simaforo

хижа
ch'ullka

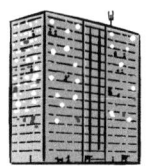

жилище
apartamento

гара
trin estasiun

кметство
tantanakuy wasi

музей
rikuchina wasi

училище
yachay wasi

град - llaqta

университет
Jatun yachaywasi

банка
qullqi pirwa

болница
Jampina wasi

хотел
tampu wasi

аптека
jampi ranqhana wasi

офис
ujisina

книжарница
p'anqa pirwa

магазин за цветя
tienda

магазин за цветя
t'ika wasi

супермаркет
jatun qhatu

пазар
qhatu

универсален магазин
jatun pirwa

търговец на риба
challwa wasi

търговски център
jatun rantina wasi

пристанище
wamp'u qhispinan

град - llaqta

парк
jark'asqa chiqan

пейка
qullqi pirwa

мост
chaka

стълба
wichana

метро
metro

тунел
suqhu

автобусна спирка
autuwus sayana

бар
bar

ресторант
mikhuna wasi

пощенска кутия
willa qillqa juch'uy wanqara

улична табелка
t'uqsi tuni

часовник за паркинг престой
parkimetro

зоологическа градина
jatun uywa kancha

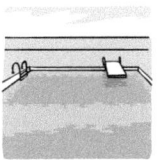

плувен басейн
armakuna

джамия
meskita

град - llaqta

селски двор
chakra wasi

замърсяване на околната среда
pacha unquchiq

гробище
Aya pampa

църква
iñiy wasi

детска площадка
pukllana kancha

храм
Qhapana

пейзаж
wanlla

- листо — raphi
- пътепоказател — sanampa
- път — ñan
- ливада — waylla
- пътешественик — puriq runa
- камък — rumi
- дърво — sach'a
- река — mayu
- трева — sach'a
- цвете — t'ika

долина
qhichwa

планина
muqu

море
qucha

гора
Sach'a sach'a

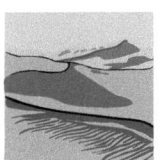
пустиня
purun

вулкан
nina phuqchiq urqu

замък
kastilla wasi

дъга
k'uychi

гъба
champiñun

палма
chunta

комар
ch'uspi

муха
ch'uspi

мравка
sik'imira

пчела
wara

паяк
kusi kusi

пейзаж - wanlla

бръмбар
ch'iqi

жаба
k'ayra

катеричка
artilla

таралеж
askanku

заек
liwre

кукумявка
ch'usiqa

птица
p'isqu

лебед
yuku p'isqu

диво прасе
sintiru

елен
sierwu

лос
alsi

бент
waykhasqa

вятърна турбина
wayrakallpa

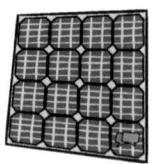

соларен модул
inti panil

климат
pacha wayra

ресторант
mikhuna wasi

келнер
wayna yanapaq

меню
menu

стол
tiyana

супа
supa

пица
pitsa

покривка за маса
mast'a jamp'ara

прибори за хранене
tumina

предястие
ñawpaq mikhuna

основно ястие
yari mikhuna

десерт
mikhuy yapa

напитки
upyanakuna

ядене
mikhuna

бутилка
wutilla

бързо хранене
saqra ura

улична храна
kalli mikhuna

кана за чай
te churana

кутия за захар
misk'i churana

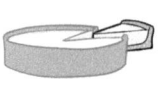

порция
chhika

еспресо машина
cajitira iksprisu

висок детски стол
jatun tiyana

сметка
yupay

табла
bandija

ножица за нокти
tumi

вилица
tinidur

лъжица
wislla uña

чаена лъжичка
juch'uy wislla uña

салфетка
simi pichana

стъклена чаша
qhispi akilla

ресторант - mikhuna wasi

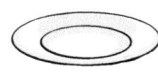

чиния
chuwa

чиния за супа
chuwa

чинийка
chuwa

сос
salsa

солница
kachi churana

мелничка за черен пипер
pimienta kutana

оцет
k'allkucha

олио
llukllu

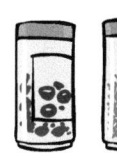

подправки
ch'aki q'mirkuna

кетчуп
ketchup

горчица
mostaza

майонеза
mayonisa

супермаркет

jatun qhatu

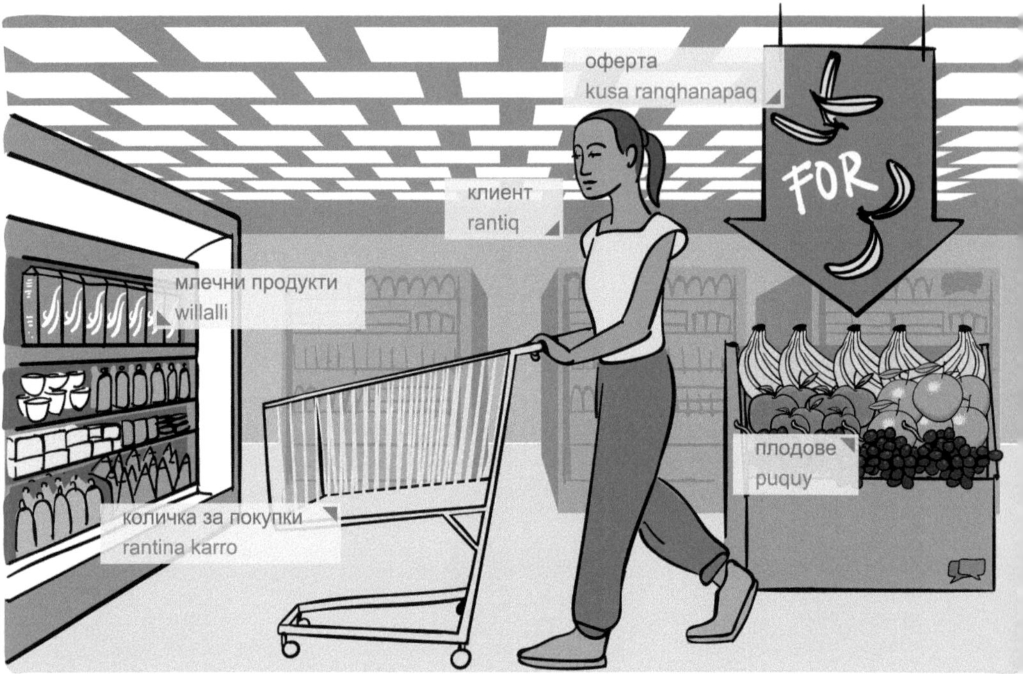

оферта
kusa ranqhanapaq
FOR
клиент
rantiq
млечни продукти
willalli
плодове
puquy
количка за покупки
rantina karro

BUTCHERS

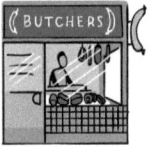

кланица

aicha wasi

BAKERY

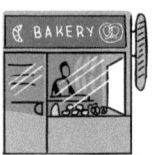

хлебарница

t'anta wasi

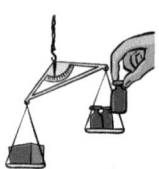

тегля

llasay

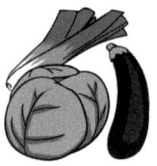

зеленчуци

q'umirkuna

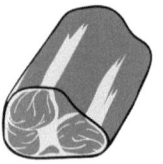

месо

aycha

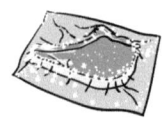

дълбоко замразена храна

chhullunka mikhuna

нарязан колбас или сирене
quqawi

консерви
mikhuna unaychasqa

перилен препарат
ditirjinti

лакомства
misk'ikuna

домакински изделия
wasimanta pruduktu

почистващи препарати
maylla produkto

продавачка
ranqhaq

каса
kartun p'uktaki

касиер
kajiru

списък на покупките
sinru qillqa rantina

работно време
sumaq runa uyarina phani

портфейл
qullqi wayaqa

кредитна карта
tarjita kriditumanta

чанта
plastiko wayaqa

пластмасова торба
plastiku wayaqa

супермаркет - jatun qhatu

напитки
upyanakuna

вода
yaku

сок
jilli

мляко
ch'awa

кола
coca cola

вино
vino

бира
sirwisa

алкохол
alkula

какао
kakawu

чай
te

кафе машина
caji

еспресо
ieksprisu

капучино
capuchinu

ядене
mikhuna

банан
platanu

ябълка
mansana

портокал
laranja

пъпеш
milun

лимон
limun

морков
sanawrya

чесън
aju

бамбук
wamwu

лук
siwulla

гъба
champiñun

ядки
awillana

макарони
jirius

спагети	ориз	салата
ispawiti	arrus	sarsa

пържени картофи	печени картофи	пица
papa kanka	papa kanka	pitsa

хамбургер	сандвич	шницел
amwirkisa	sanwich	jiliti

шунка	траен колбас	салам
jamun	salami	salchicha

пиле	печено	риба
chichilu	aycha kanka	challwa

овесени ядки

p'aqa awina

мюсли

muesli

корнфлейкс

p'aqa sara

брашно

jak'u

кроасан

krwasan

хлебчета

k'awka

хляб

t'anta

препечена филийка

t'anta jamk'a

бисквити

khamuna

масло

mantikilla

извара

ñuqñu

сладкиш

pastil

яйце

runtu

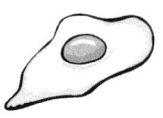

яйца на очи

runtu kanka

сирене

masara

ядене - mikhuna

сладолед
chullunka misk'i

захар
misk'i

мед
wayrunq'u misk'i

мармалад
mirmilara

нуга крем
krima turrunmanta

къри
kurri

селски двор
chakra wasi

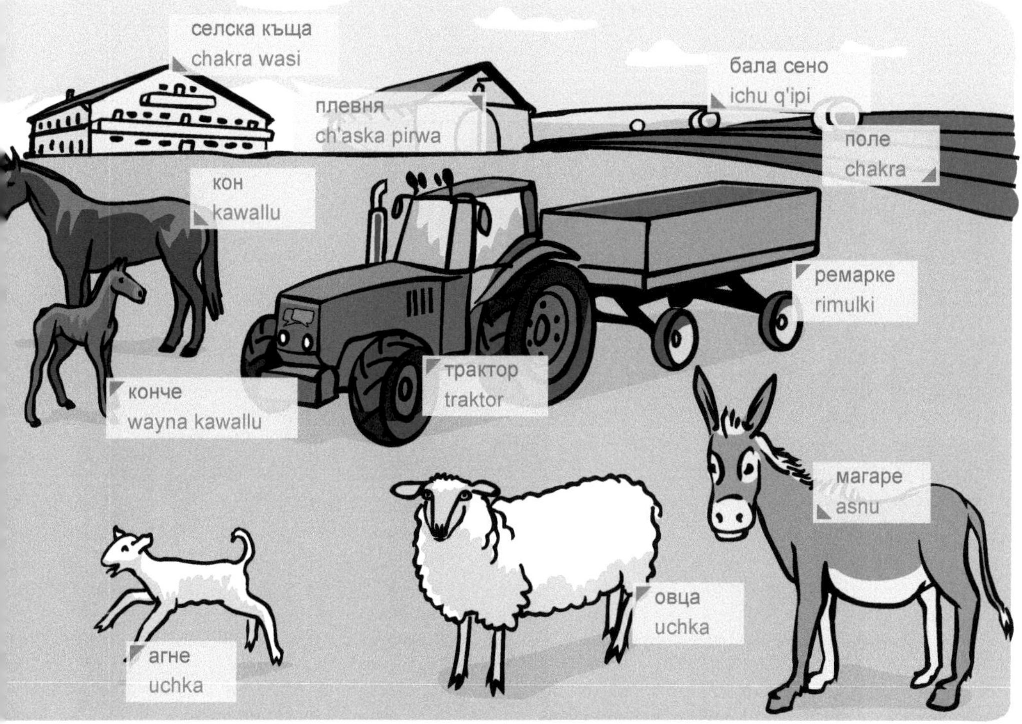

- селска къща — chakra wasi
- плевня — ch'aska pirwa
- бала сено — ichu q'ipi
- поле — chakra
- кон — kawallu
- ремарке — rimulki
- конче — wayna kawallu
- трактор — traktor
- магаре — asnu
- агне — uchka
- овца — uchka

коза
karwa

крава
waka

теле
waka uña

свиня
khuchi

прасенце
khuchi uña

бик
turu

гъска
wallata

патица
pili

пиленце
chchilu

кокошка
wallpa

петел
k'anka

плъх
jatun juk'ucha

котка
misi/michi

мишка
juk'ucha

вол
turu

куче
alqu

кучешка колиба
alquwasi

градински маркуч
mankira

лейка
qarpana jalp'a

коса
rutuna

плуг
taklla

 сърп rutuna	 мотика liwk'ana	 вила за тор sipina
 брадва ayri	 ръчна количка kapachu	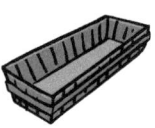 корито yaku upyana
 съд за мляко willalli purunku	 чувал jatun wayaqa	 ограда jark'aq ch'ipa
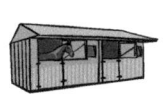 обор kancha wasi	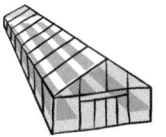 парник inwirnadiru	 земя pampa
 сеитба muju	 тор wanu	 комбайн makina allana

селски двор - chakra wasi

жъна
allay

реколта
allay

ямс
ñame

жито
tiriwu

соя
soya

картоф
papa

царевица
sara

рапица
kulsa luru

овощно дърво
wayu sach'a

маниока
mandiuka

зърнени храни
ch'aki puquy

къща
wasi

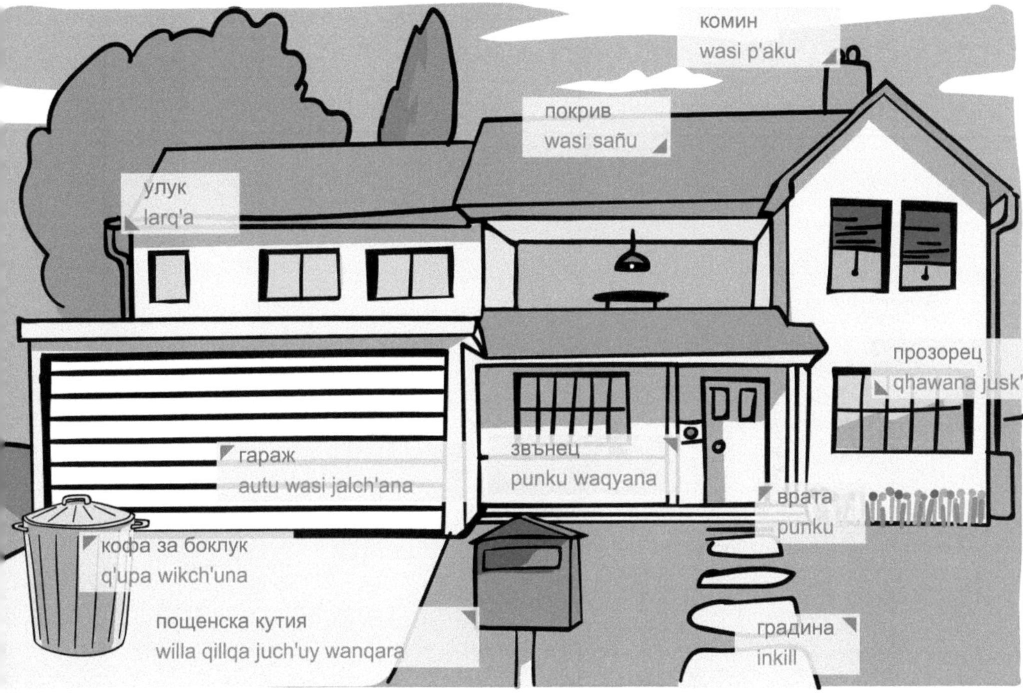

комин
wasi p'aku

покрив
wasi sañu

улук
larq'a

прозорец
qhawana jusk'u

гараж
autu wasi jalch'ana

звънец
punku waqyana

врата
punku

кофа за боклук
q'upa wikch'una

пощенска кутия
willa qillqa juch'uy wanqara

градина
inkill

всекидневна
k'illi wanlla

баня
akana wasi

кухня
wayk'una wasi

спалня
puñuna wasi

детска стая
wawa k'uchu

трапезария
mikhuna k'uchu

къща - wasi 31

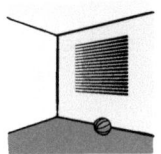	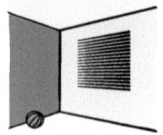	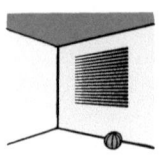
под pampa	стена pirqa	таван wasip khatan
		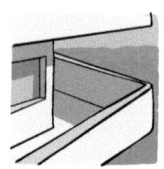
изба wasi ukhun	сауна sawna	балкон walkun
	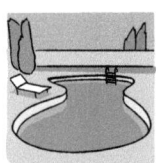	
тераса pirqa	плувен басейн armakuna	косачка k'achina
		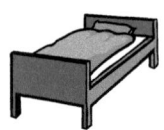
спално бельо iqana	покривка за легло khatana	легло puñuna

метла pichana	кофа yaku aysana	електрически ключ k'ancha jap'ichiq

всекидневна
k'illi wanlla

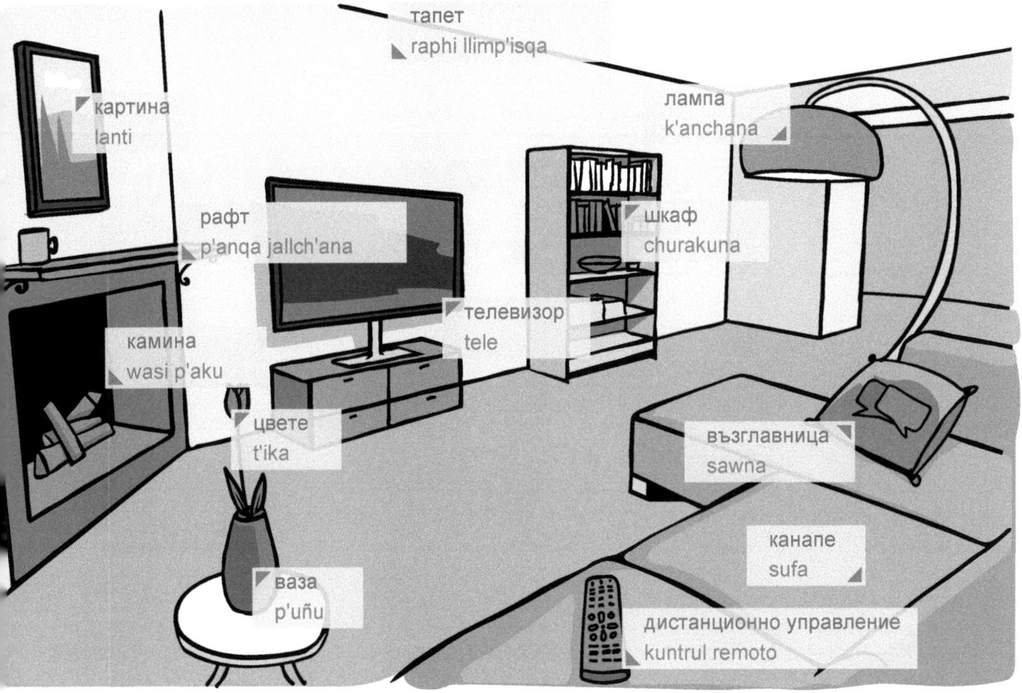

- тапет — raphi llimp'isqa
- картина — lanti
- лампа — k'anchana
- рафт — p'anqa jallch'ana
- шкаф — churakuna
- камина — wasi p'aku
- телевизор — tele
- цвете — t'ika
- възглавница — sawna
- ваза — p'uñu
- канапе — sufa
- дистанционно управление — kuntrul remoto

килим
pampa mast'ana

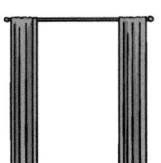

завеса
arapa

маса
jamp'ara

стол
tiyana

люлеещ се стол
chhuku tiyana

кресло
kirana

книга	одеяло	декорация
p'anqa	mast'a	t'ikanchay

дърва за отопление	филм	стерео уредба
llamt'a	pelikula	takina ekipu

ключ	вестник	живопис
ch'atana	mit'awa	llimp'i

постер	радио	бележник
poster	wayra simi	qillqana p'anqa

прахосмукачка	кактус	свещ
aspiradora	pukru	ispilma

кухня
wayk'una wasi

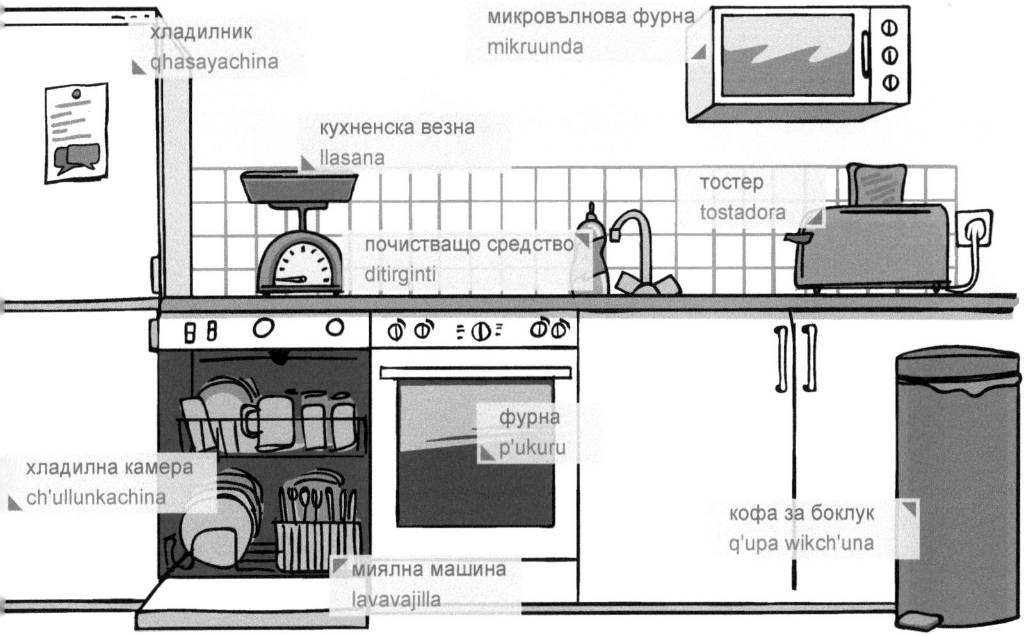

хладилник
qhasayachina

микровълнова фурна
mikruunda

кухненска везна
llasana

тостер
tostadora

почистващо средство
ditirginti

фурна
p'ukuru

хладилна камера
ch'ullunkachina

кофа за боклук
q'upa wikch'una

миялна машина
lavavajilla

готварска печка
presiun manka

тенджера
manka

желязна тенджера
q'illa manka

уок / кадаи
wok

тиган
payla

кана за затопляне на вода
thimpuchina

кухня - wayk'una wasi

уред за готвене на пара
wapsina

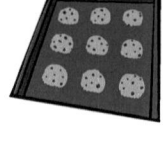

тава за печене
p'ukuru punku

съдове
vajilla

чаша
tasa

купа
tason

клечки за хранене
palillo

черпак
wislla

лопатка за тиган
phusuqa urquna

тел за разбиване (на яйца, белтъци)
qaywina

кошница за варене
isanka

гевгир
suysuna

ренде
thupana

хаван
kutana

барбекю
kawitu

огнище
nina jap'ichina

дъска

k'ullu kuchunapaq

точилка

tuquru

тирбушон

sacacurchu

кутия

lata

отварачка за консерви

lata kichana

кухненска ръкохватка

jap'ina

мивка

chuwa mayllana

четка

sipillu

гъба

ispunja

миксер

watidora

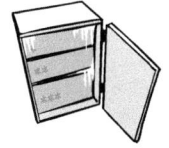

фризер

ch'ullunkachina

бебешко шише

biberon

воден кран

grifo

кухня - wayk'una wasi

баня
akana wasi

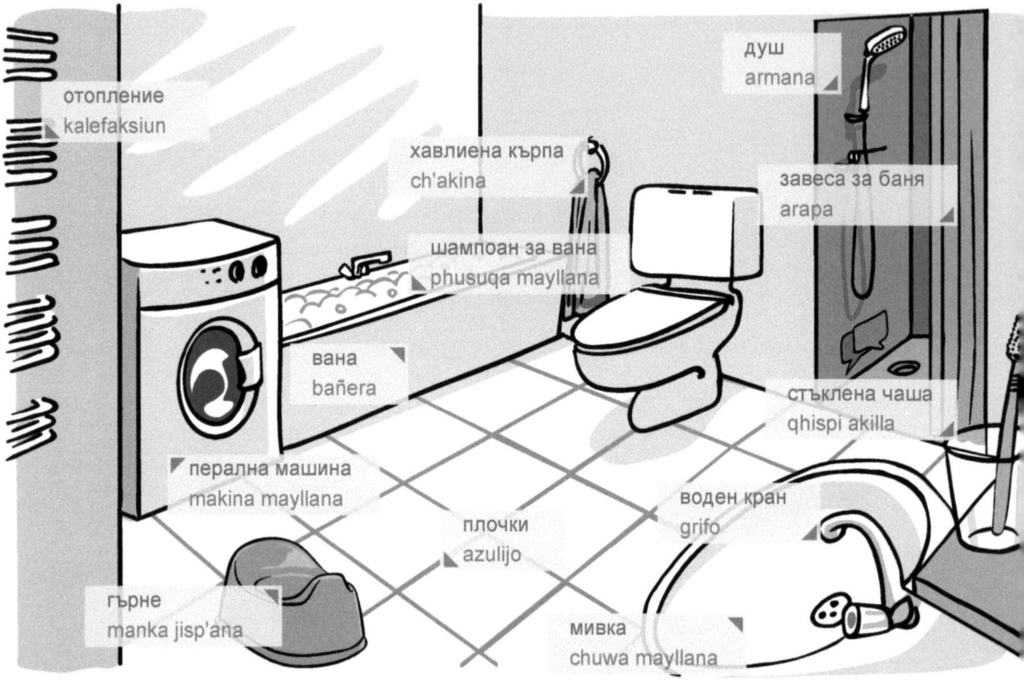

- отопление — kalefaksiun
- хавлиена кърпа — ch'akina
- душ — armana
- шампоан за вана — phusuqa mayllana
- завеса за баня — arapa
- вана — bañera
- стъклена чаша — qhispi akilla
- перална машина — makina mayllana
- плочки — azulijo
- воден кран — grifo
- гърне — manka jisp'ana
- мивка — chuwa mayllana

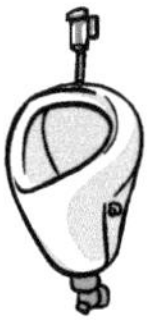

тоалетна	клекало	биде
akana	yakupaka	bidet

писоар	тоалетна хартия	четка за тоалетна
jisp'ana	papel higieniku	water pichana

четка за зъби

kiru khituna

паста за зъби

kiru pasta

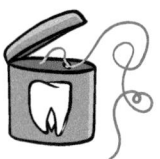

конец за зъби

kiru q'aytu

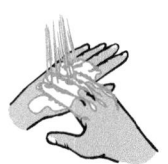

мия

mayllay

ръчен душ

armana makiwan

интимен душ

armana

леген

pila

четка за гръб

wasa cepillo

сапун

t'arta

душ гел

llukllu armanapaq

шампоан за вана

champu

гъба за баня

ch'akina

сифон

ch'chi yaku wikch'una

крем

krima

дезодорант

kuntu wayllak'upaq

баня - akana wasi

огледало
qhispi

козметично огледало
qhawakunaqhispi

ръчна самобръсначка
mumikuna

пяна за бръснене
phusuqu mumikunapaq

одеколон за след бръснене
lusiun mumikunapaq

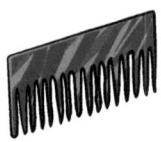
гребен
sikrana

четка
kuiru khituna

сешоар
sekadora

спрей за коса
ispray

грим
makillaji

червило
simi llimp'ina

лак за нокти
llimp'i sillu

памук
ampi

ножица за нокти
sillu k'utuna

парфюм
untu

баня - akana wasi

тоалетна чантичка
wayaqa ch'usanapaq

табуретка
chukuna

везна
aysana

хавлия
bata

домакински ръкавици
maki wayaqa gumamanta

тампон
tampon

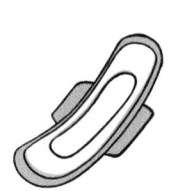
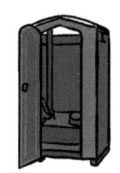

дамски превръзки
raphi ch'akina

химическа тоалетна
akanapaq tiyana kimiku

детска стая

wawa k'uchu

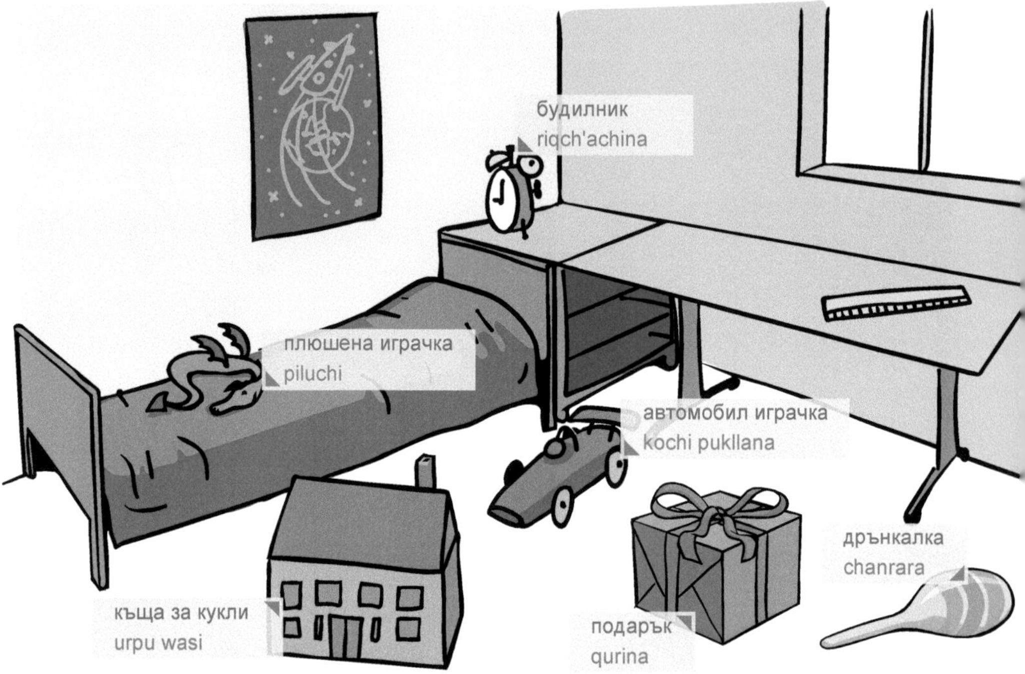

будилник
riqch'achina
плюшена играчка
piluchi
автомобил играчка
kochi pukllana
дрънкалка
chanrara
къща за кукли
urpu wasi
подарък
qurina

балон

phuyu phuku

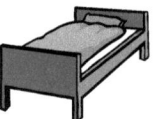

легло

puñuna

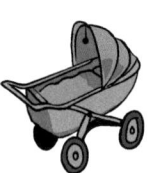

детска количка

wawa kochi

игра на карти

naypi

пъзел

pusli

SUPER
MEGA

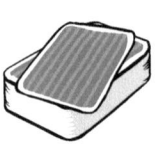

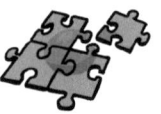

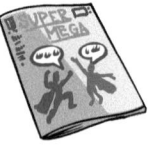

комикс

riwista

лего елементи
legukuna

строителни елементи
wluki pukllana

екшън фигурка
figura aksionmanta

бебешки гащеризон
wuri wawapaq

фрисби
friswi

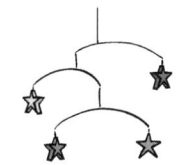

бебешки играчки за легло
wawa marq'a

настолна игра
jamp'ara pukllana

зарче
dado

миниатюрно влакче
trin iliktriko purina

биберон
maniki

парти
raymi

детска книга с илюстрации
futu p'anqa

топка
p'ulu

кукла
urpu

играя
pukllay

детска стая - wawa k'uchu

пясъчник
t'iyu p'utaki

люлка
wallunk'a

играчка
pukllana

игрова конзола
wiriukunsula

велосипед с три колелета
trisiklu

плюшено мече
jukumari pukllana

гардероб
p'acha jallch'ana

облекло
p'acha

къси чорапи
chakiwayaqa

дълги чорапи
chakiwayaqa qharipaq

чорапогащник
chakiwayaqa

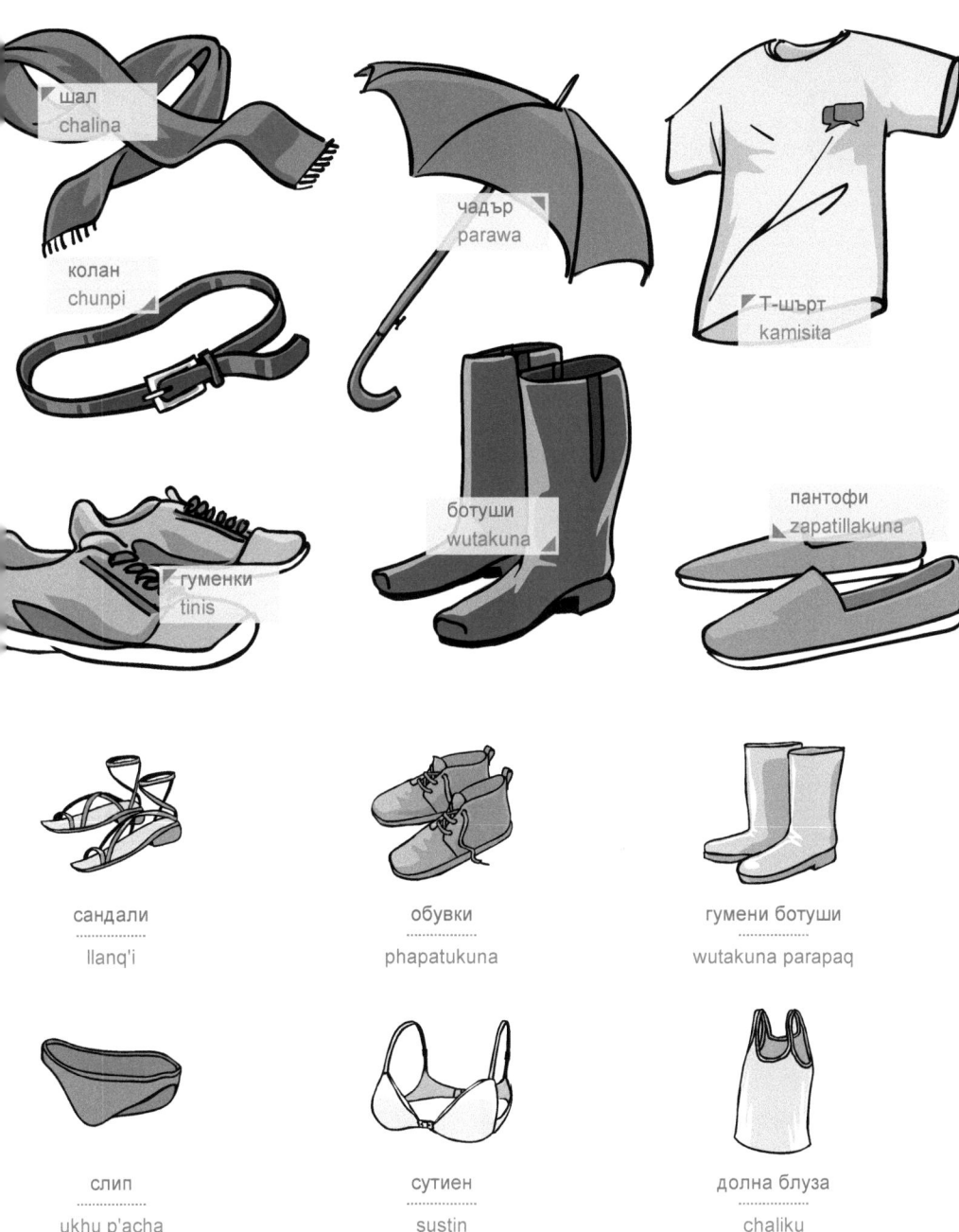

боди
wuri

панталон
pantalu kurtu

дънки
wakiru

пола
arphi

блуза
wulusa

риза
kamisa

пуловер
chumpa

суичър
chumpa

блейзър
blazer

яке
chakita

палто
qhata

дъждобран
yawardina

костюм
traji

рокля
wistiru

булчинска рокля
wistiru nowiamanta

костюм
traji

нощница
kamisun

пижама
piyama

сари
sari

кърпа за глава
wandana

тюрбан
turbante

бурка
burka

кафтан
kaftan

абая
abaya

бански костюм
traje mayllakunapaq

плувни шорти
p'acha mayllakunpaq

къс панталон
kurtu

анцуг
p'acha tukuy p'unchawpaq

престилка
dilantal

ръкавици
makiwayaqa

облекло - p'acha

копче
ch'itana

очила
gafakuna

гривна
maki watana

верижка
wallqa

пръстен
siwi

обеца
linri quri

каскет
q'aspa

закачалка
p'acha warkhuna

шапка
chharara

вратовръзка
kurbata

цип
pantalu wisk'ana

каска
kasku

тиранти
tirantikuna

ученическа униформа
uniforme

униформа
uniformi

облекло - p'acha

лигавник
llawsanapaq

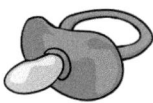
биберон
maniki

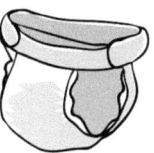
пелена
jananta

офис
ujisina

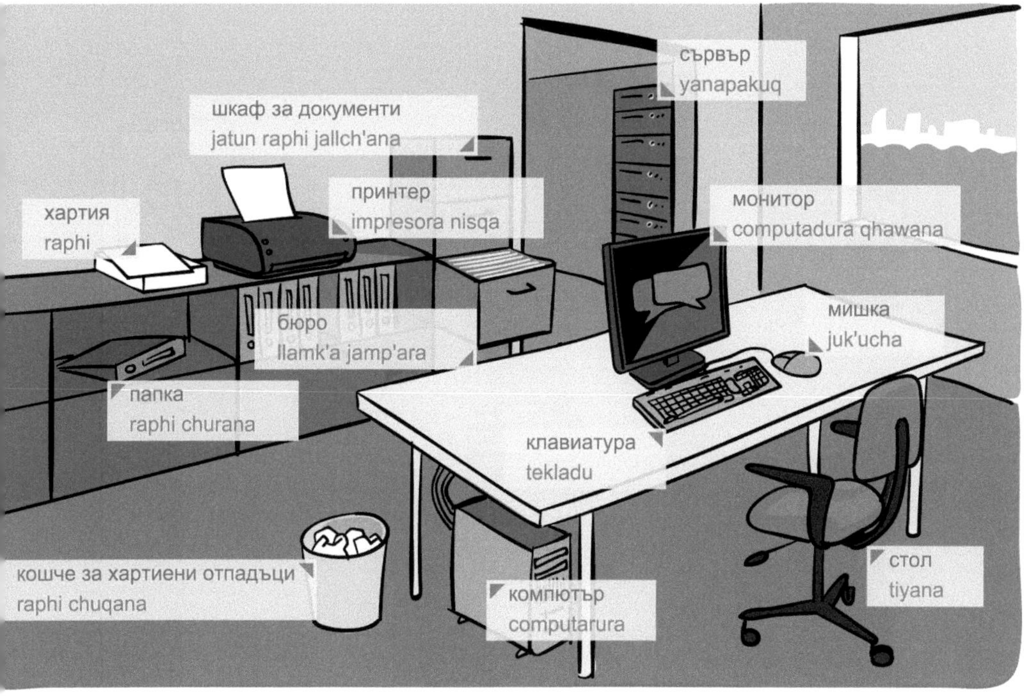

- сървър — yanapakuq
- шкаф за документи — jatun raphi jallch'ana
- принтер — impresora nisqa
- монитор — computadura qhawana
- хартия — raphi
- бюро — llamk'a jamp'ara
- мишка — juk'ucha
- папка — raphi churana
- клавиатура — tekladu
- кошче за хартиени отпадъци — raphi chuqana
- компютър — computarura
- стол — tiyana

чаша за кафе
tasa cajimanta

джобен калкулатор
calcularura

интернет
intirnit

лаптоп
laptop

писмо
chaki qillqa

съобщение
willachiy

мобилен телефон
silular

мрежа
red

ксерокс
futukopia

софтуер
software

телефон
tilijunu

контакт
toma corriente

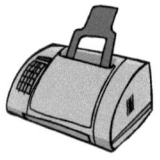

факс
faks

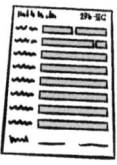

формуляр
jurmulario

документ
asuy qillqa

офис - ujisina

икономика
qullqikamay

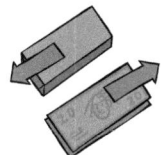
купувам
ranqhay

плащам
qupuy

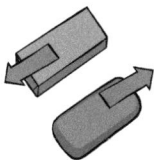
търгувам
ranqhay

пари
qullqi

долар
dólar qullqi

евро
iwro qullqi

йена
yen qullqi

рубла
ruwlu qullqi

швейцарски франк
juranku swisu qullqi

ренминби юан
rinminwi qullqi

рупия
rupia qullqi

банкомат
kajiru awtumatiku

обменно бюро
qullqi rantina wasi

злато
quri

сребро
qullqi

нефт
pitruliu

енергия
kallpa

цена
yupa

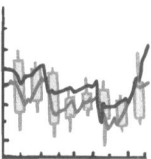

договор
mink'ay

данък
impuistu

акция
aksiun

работя
llamk'ay

служител
llamk'achiq

работодател
llamk'achiq

фабрика
puquchiy kiti

магазин за цветя
tienda

икономика - qullqikamay

професии
llamk'aykuna

полицай
ajinti policiamanta

пожарникар
wumwiru

готвач
wayk'uq

лекар
jampi kamayuq

пилот
pilutu

градинар
inkill kamayuq

мебелист
llaqllaykamayuq

шивачка
siraykamayuq

съдия
khuskachaq

химик
jampi ranqhaq

артист
aranwaq

шофьор на автобус
awtuwus q'iwiq

шофьор на такси
taksi q'iwiq

рибар
challwakamayuq

чистачка
pichaq

майстор на покриви
wasip qhatan

келнер
wayna yanapaq

ловец
chakuykamayuq

художник
llimp'iq

хлебар
t'antiri

електротехник
iliktrisista

строителен работник
llam'kaq

инженер
k'llikacha

касапин
ñak'aq

тенекеджия
yaku kamayuq

пощальон
qillqa apaq

войник
awqakuq

архитект
wasikamayuq

касиер
kajiru

цветар
t'ikachaq

фризьор
chukcharutuq

кондуктор
q'iwichiq

механик
mikaniku

капитан
wamink'a

зъболекар
kirukamayuq

научен работник
jamawt'a

равин
rawinu

имàм
k'askachimuq

монах
munji

свещеник
tata kura

професии - llamk'aykuna

инструменти
ruk'awi

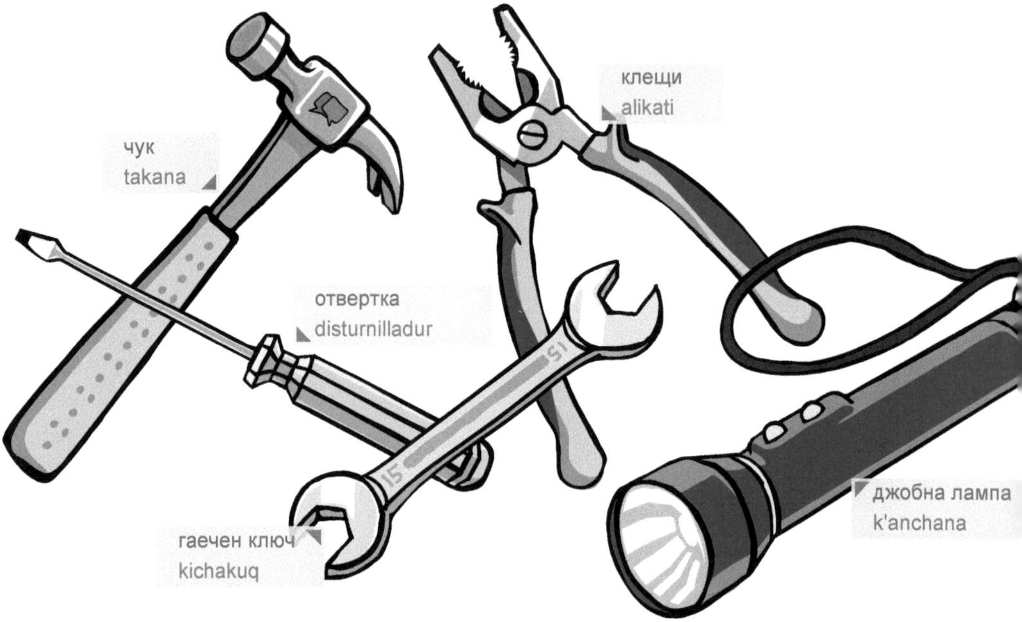

чук
takana

клещи
alikati

отвертка
disturnilladur

гаечен ключ
kichakuq

джобна лампа
k'anchana

багер
ikskawadura

кутия за инструменти
ruk'awi p'uktaki

стълба
wichana makiyuq

трион
sierra

пирони
takarpu

бормашина
talaru

ремонтирам
allinchay

лопата
lampa

По дяволите!
¡Supay apachun!

лопатка за смет
q'upa tantana

кутия за боя
llimp'i churana

болтове
turnillukuna

музикални инструменти
takichiy nakuna

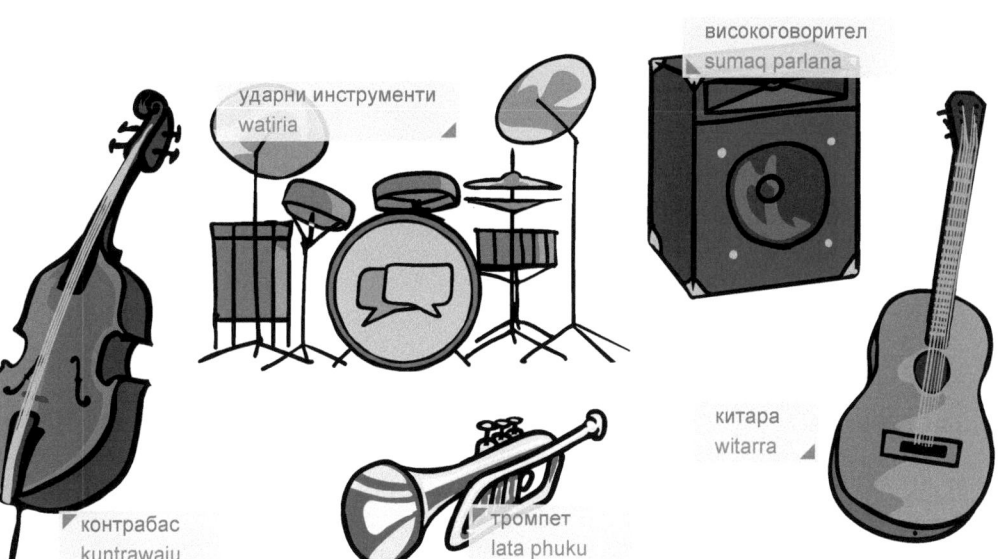

ударни инструменти — watiria
високоговорител — sumaq parlana
контрабас — kuntrawaju
тромпет — lata phuku
китара — witarra

пиано	виолина	контрабас
pianu	wiulin	waju

тимпан	барабан	електрическо пиано
tinwalis	wankar	tikladu
		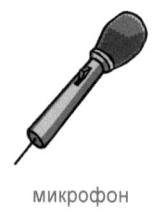
саксофон	флейта	микрофон
saksu	phukuna	mikrufunu

музикални инструменти - takichiy nakuna

зоологическа градина
jatun uywa kancha

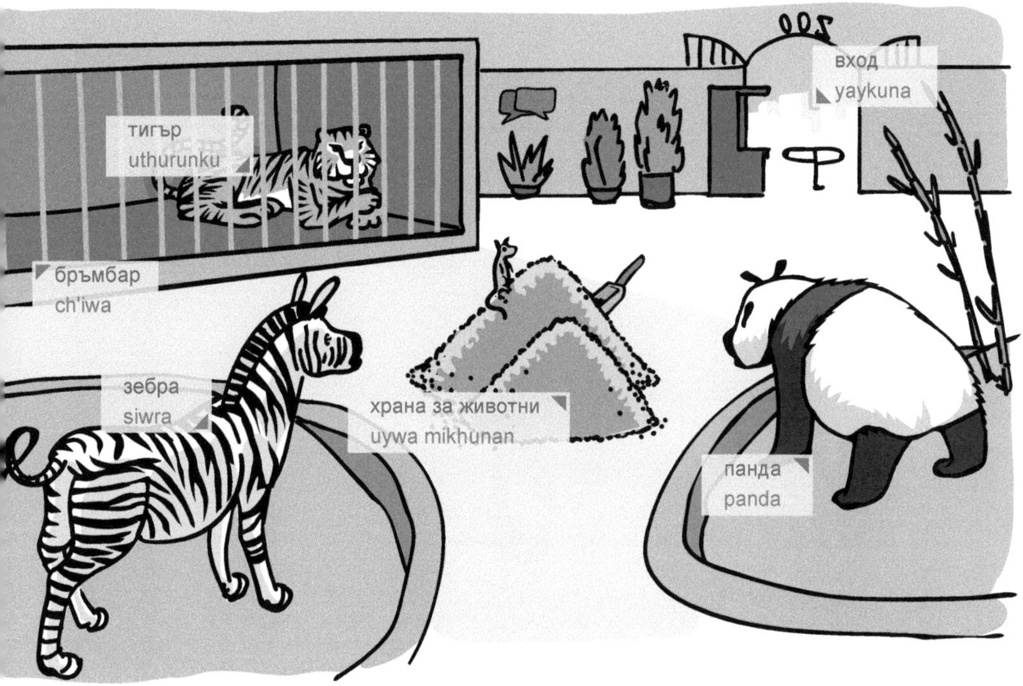

- тигър / uthurunku
- вход / yaykuna
- бръмбар / ch'iwa
- зебра / siwra
- храна за животни / uywa mikhunan
- панда / panda

животни

uywa

слон

ilijanti

кенгуру

kanguru

носорог

rinusirunti

горила

gurila

мечка

jukumari

камила
kamillu

щраус
suri

лъв
puma

маймуна
k'usillu

фламинго
pariwana

папагал
q'ichichi

бяла мечка
pular jukumari

пингвин
pinwinu

акула
tiwurun

паун
pawu

змия
katari

крокодил
kukuwurilu

пазач в зоологическа градина
jatun uywa kancha arariwa

тюлен
fuka

ягуар
uthurunku

зоологическа градина - jatun uywa kancha

пони
puni

леопард
lliwpardu

хипопотам
hipuputamu

жираф
jirafa

орел
anka

диво прасе
sintiru

риба
challwa

костенурка
turtuga

морж
mursa

лисица
atuq

газела
gacila

зоологическа градина - jatun uywa kancha

спорт
atipanaku pukllay

дейности
ruwakuna

скачам / phinkiy
прегръщам / mak'alliy
смея се / asiy
вървя / puriy
пея / takiy
сънувам / musquy
моля се / mañakuy
целувам / much'ay

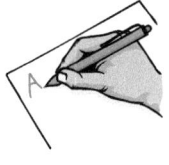

пиша
qillqay

рисувам
t'iktuy

показвам
qhawachiy

бутам
tanqay

давам
quy

взимам
uqhariy

имам
yuq

правя
ruway

съм
kay

стоя
sayay

тичам
t'ijuy

дърпам
chuqay

хвърлям
chuqay

падам
urmay

лежа
siriy

чакам
suyay

нося
apay

седя
chukuchiy

обличам
p'achachakuy

спя
puñuy

събуждам се
rikch'ay

разглеждам
qhaway

плача
waqay

милвам
waylluy

реша се
sikray

говоря
rimay

разбирам
unanchay

питам
tapuy

слушам
uyariy

пия
upyay

ям
mikhuy

разтребвам
kamachiy

обичам
khuyay

готвя
wayk'uy

карам автомобил
q'iwiy

летя
phaway

дейности - ruwakuna

плавам (с платна)
wamp'uy

смятане
yupanchay

чета
ñawiriy

уча
yachay

работя
llamk'ay

женя се
sawaray

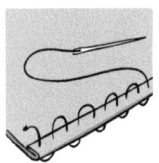
шия
siray

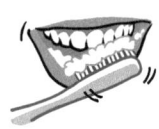
измивам си зъбите
kiru khitukuy

убивам
wanchiy

пуша
pitay

изпращам
kachay

семейство
yawar masikuna

баба / jatun mama

дядо / jatun tata

баща / tata

майка / mama

бебе / wawa

дъщеря / warmi wawa/ ususi

син / qhari wawa/ churin

посетител

jamuynisqa

леля

ipa

чичо

kaki

брат

tura/wawqi

сестра

ñaña/pana

тяло
uqhu

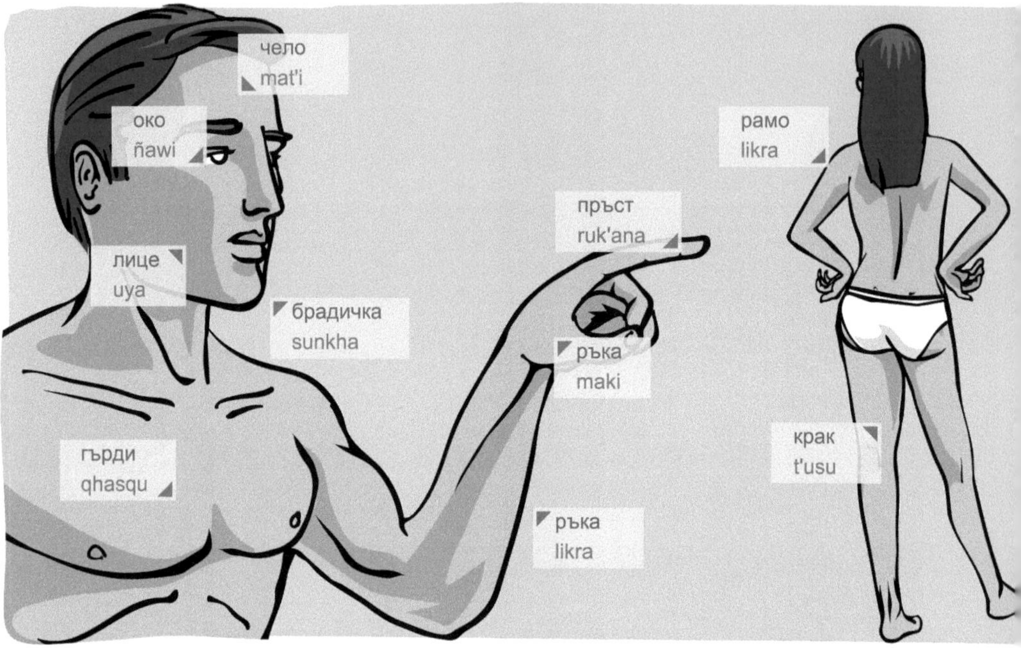

чело — mat'i
око — ñawi
лице — uya
брадичка — sunkha
гърди — qhasqu
рамо — likra
пръст — ruk'ana
ръка — maki
ръка — likra
крак — t'usu

бебе
wawa

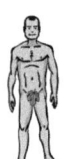

мъж
qhari

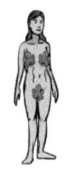

жена
warmi

момиче
sipas

момче
yuqalla

глава
uma

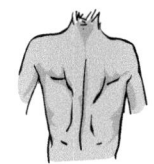

гръб
wasa

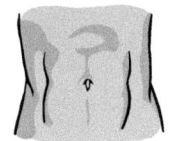

корем
wisa ukhu

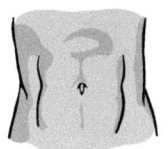

пъп
pupu

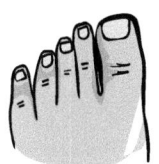

пръст на крака
ruk'ana

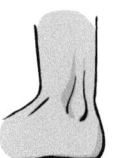

пета
takillpa

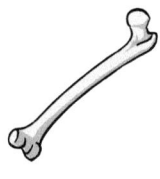

кост
tullu

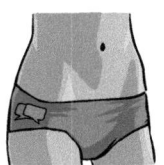

хълбок
chaka

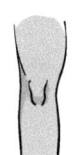

коляно
muqu

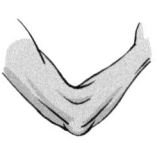

лакът
maki muqu

нос
sinqa

седалище
siki

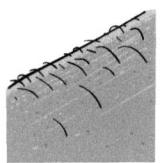

кожа
qara

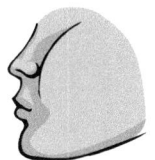

буза
k'aqlla

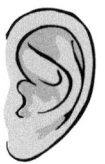

ухо
linri

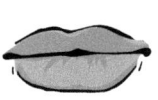

устна
sipri

тяло - uqhu

уста
simi

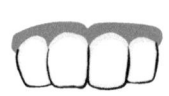

зъб
kiru

език
qallu

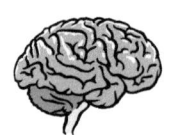

мозък
ñuqtu

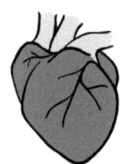

сърце
sunqu

мускул
mach'i

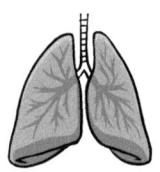

бял дроб
surq'an

черен дроб
k'iwicha

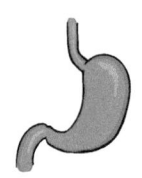

стомах
wisa

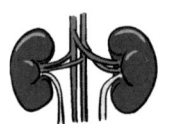

бъбреци
wasa ruru

полово сношение
lluq'anaku

кондом
condon

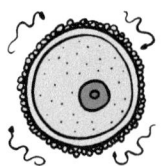

яйцеклетка
ch'uytu

сперма
yuma

бременност
wiksayuq kay

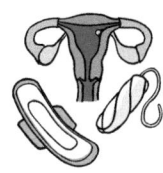
менструация
k'ikuy

вагина
rakha

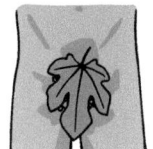
пенис
ullu

вежда
qhichira

коса
chukcha

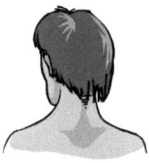
шия
kunka

тяло - uqhu

болница
Jampina wasi

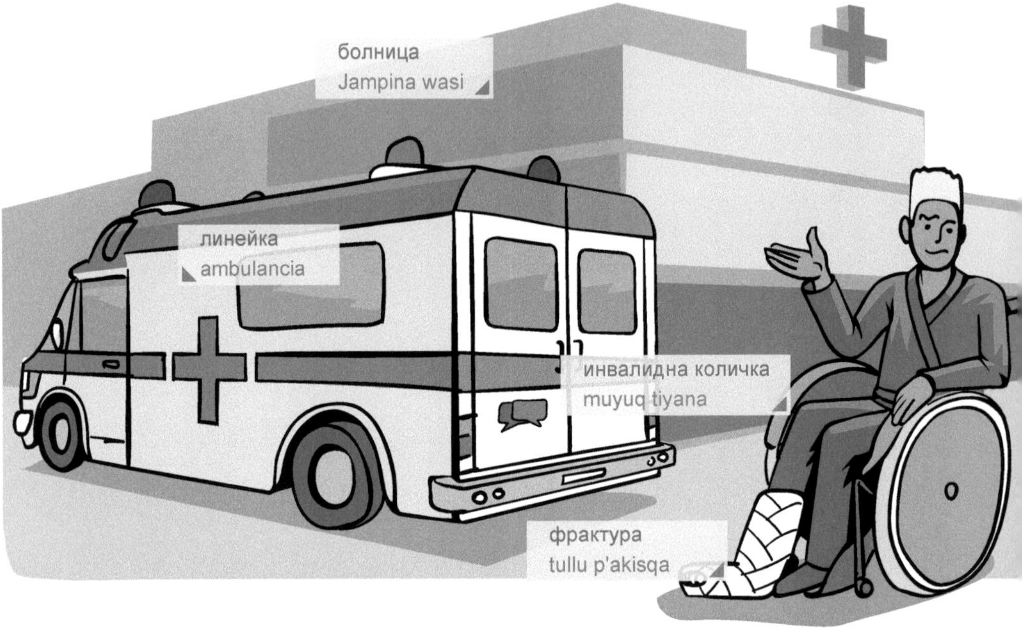

болница
Jampina wasi

линейка
ambulancia

инвалидна количка
muyuq tiyana

фрактура
tullu p'akisqa

лекар

jampi kamayuq

спешна хоспитализация

urgencia wasi

медицинска сестра

jampi yanapaq

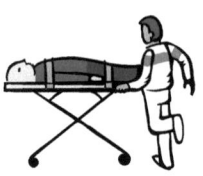

спешен случай

urjinsia

в безсъзнание

mana yuyayniyuqchu

болка

nanay

нараняване
ñuti

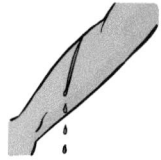
кървене
sirk'ay

инфаркт
infarto

инсулт
wayra

алергия
millachikuq

кашлица
ch'uju

температура
k'aja unquy

грип
p'urqi

диария
q'icha

главоболие
uma nanay

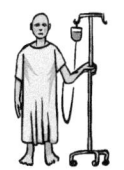
рак
isqu unquy

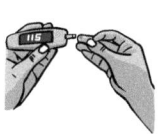
диабет
diyawitis

хирург
jampi kamayuq

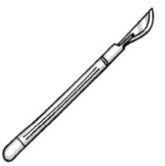
скалпел
bisturi

операция
upirasiun

болница - Jampina wasi

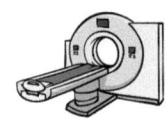
компютърна томография
TAC

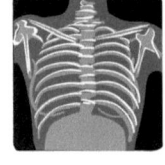
рентген
tullurikuchi

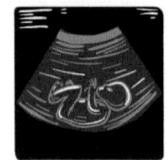
ултразвук
ultrasunidu

маска
jark'ana

болест
unquy

чакалня
suyanapaq k'illi wanlla

патерица
tawna

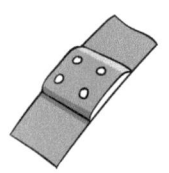
пластир
tinta

превръзка
manku

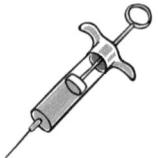
инжекция
inyiksiun

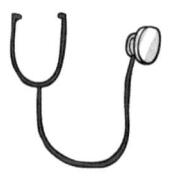
стетоскоп
istituskupiu

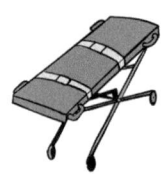
носилка
kallapu

термометър
llaphi tupuna tupu

раждане
paqarisqa

наднормено тегло
wirachasqa

болница - Jampina wasi

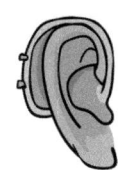
слухов апарат
audifono

дезинфекционно средство
disinjiktanti

инфекция
q'iyacha

вирус
miyu

HIV / AIDS
VIH / SIDA

медицина
jampi

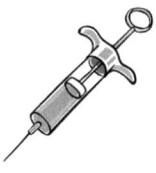
ваксинация
wakuna

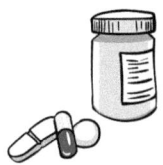
таблети
tawlitakuna

противозачатъчна таблетка
pastilla

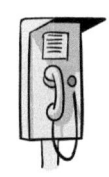
спешно телефонно обаждане
usqay waqyana

апарат за измерване на кръвното налягане
tinsiumitru

болен / здрав
unqusqa / qhali

спешен случай
urjinsia

Помощ!
¡Yaw!

сигнал за тревога
alarma

нападение
manchay

атака
waykha

опасност
chhiki

авариен изход
punku utqay lluqsinapaq

Пожар!
¡Nina!

пожарогасител
nina wañichiq

злополука
ñak'ariy

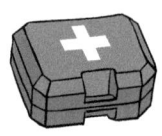
комплект за оказване на първа помощ
botiquin de primeros auxilios

SOS
SOS

полиция
pulisiya

Земя
Pacha

Европа
Iwrupa

Северна Америка
Chincha Amerika

Южна Америка
Qulla Amerika

Африка
Ajurika

Азия
Asia

Австралия
Awstralia

Атлантически океан
Atlantiku

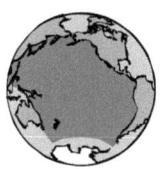
Тихи океан
Pasijiku

Индийски океан
Indiku mama qucha pacha

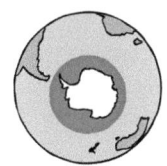
Южен ледовит океан
Antartiku mama qucha pacha

Северен ледовит океан
Artiku mama qucha pacha

Северен полюс
chincha pulu

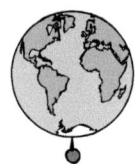

Южен полюс
qulla pulu

Антарктида
Antartida

Земя
Pacha

суша
jallp'a

море
mama qucha

остров
tara

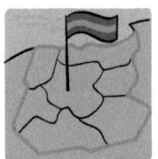

нация
llaqta

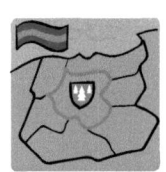

държава
Suyu

часовник
phani (kuna)

циферблат
muruq'u

стрелка на часовете
phani tuqsiq

стрелка на минутите
chininiq

стрелка на секундите
ch'ipu yupaq

Колко е часът?
¿Ima phanitaq?

ден
p'unchaw

време
pacha

сега
kunan

дигитален часовник
dijital inti watana

минута
chinini

час
phani

седмица
qanchischaw

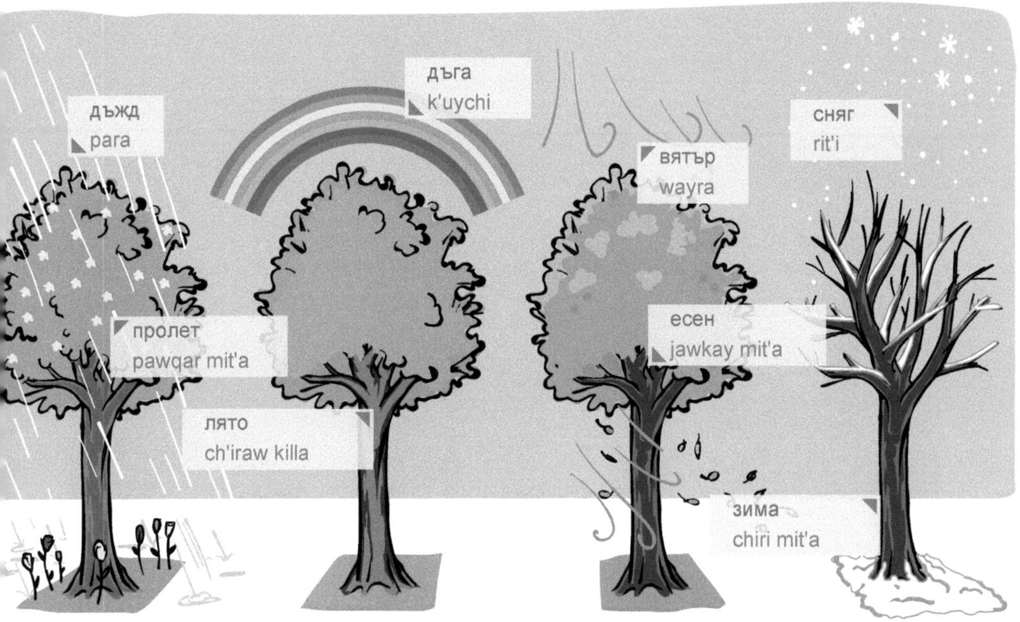

година
wata

дъжд
para

дъга
k'uychi

вятър
wayra

сняг
rit'i

пролет
pawqar mit'a

лято
ch'iraw killa

есен
jawkay mit'a

зима
chiri mit'a

прогноза за времето

inti raki

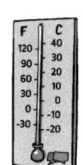

термометър

tirmumitru

слънчева светлина

inti

облак

phuyu

мъгла

phuyu

влажност на въздуха

juq'u

светкавица
illapa

гръмотевица
illapa

буря
tamya

градушка
chikchi

мусон
muyuq wayra

наводнение
lluqlla

лед
chullunka

януари
qhaqmiy killa

февруари
jatunpuquy killa

март
pachapuquy killa

април
ariwaki killa

май
aymuray killa

юни
jawkaykuskuy killa

юли
chakrakunakuy killa

август
chakraypuy killa

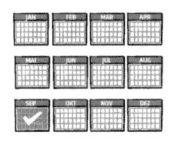

септември

tarpuy killa

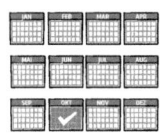

октомври

pawqarwara killa

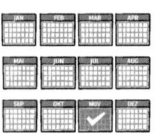

ноември

ayamarq'ay killa

декември

qhapaq inti raymi killa

форми
pacha tupusqa rikch'ay

кръг

muyu yupa

квадрат

tawak'uchu yupa

четириъгълник

sayt'u yupa

триъгълник

kimsa k'uchu yupa

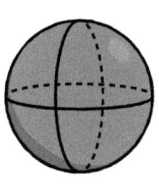

сфера

muruq'u

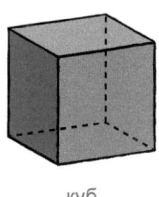

куб

yupa wayru

цветове
llimp'ikuna

бял
yurak

жълт
q'illu

оранжев
willapi

розов
panti

червен
puka

лилав
kulli

син
anqas

зелен
q'umir

кафяв
ch'umpi

сив
uqi

черен
yana

противоположности
wakjinakuna

много / малко
achkha / pisi

ядосан / спокоен
phiña / qhasi

красив / грозен
k'acha / millay

начало / край
qallariy / tukuy

голям / малък
jatun / juch'uy

светъл / тъмен
sut'i / tuta

брат / сестра
wawqi / pana

чист / мръсен
llimphu / ch'ichi

пълен / непълен
junt'asqa / mana junt'asqa

ден / нощ
p'unchaw / tuta

мъртъв / жив
wañusqa / kawsaq

широк / тесен
chhuqu / k'ichki

ядлив / неядлив

mikhunapaq / mana mikhunapaqchu

сърдит / любезен

sakra / k'acha

развълнуван / скучаещ

kusisqa / majisqa

дебел / тънък

rakhu / tullu

най-напред / най-накрая

ñawpaq / qhipa

приятел / враг

masi / awqa

пълен / празен

junt'a / ch'in

твърд / мек

k'urki / llamp'u

тежък / лек

llasa / chhalla

глад / жажда

yarqhay / ch'akiy

болен / здрав

unqusqa / qhali

нелегален / легален

chanin / mana chanin

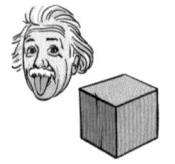

интелигентен / глупав

yuyaysapa / upa

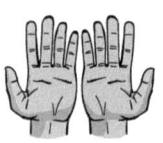

ляво / дясно

lluq'i / paña

близо / далече

qaylla / karu

нов / употребяван
musuq / mawk'a

нищо / нещо
ch'usaq / imapis

стар / млад
machu / wayna

вкл. / изкл.
jap'isqa / wanchisqa

отворен / затворен
kichasqa / wisq'asqa

тих / силен (звук)
ch'in / ch'aqwa

богат / беден
qhapaq / wakcha

правилен / погрешен
chiqan / mana chiqan

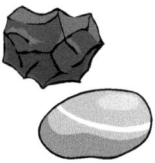

грапав / гладък
qhachqa / llamp'u

тъжен / щастлив
llakisqa / kusi

дълъг / къс
k'aka / karu

бавен / бърз
jayra / utqay

мокър / сух
juq'u / ch'aki

топъл / студен
rupha / chiri

война / мир
awqay / sunqu tiyakuy

противоположности - wakjinakuna

числа
yupaykuna

0 нула
ch'usak

1 едно
uk

2 две
iskay

3 три
kimsa

4 четири
tawa

5 пет
phichqa

6 шест
suqta

7 седем
qanchis

8 осем
pusaq

9 девет
jisq'un

10 десет
chunka

11 единадесет
chunka ukniyuq

12

дванадесет

chunka iskayniyuq

13

тринадесет

chunka kimsayuq

14

четиринадесет

chunka tawayuq

15

петнадесет

chunka phichkayuq

16

шестнадесет

chunka suqtayuq

17

седемнадесет

chunka qanchisniyuq

18

осемнадесет

chunka pusaqniyuq

19

деветнадесет

chunka jsq'unniyuq

20

двадесет

iskay chunka

100

сто

pacha

1.000

хиляда

waranqa

1.000.000

милион

junu

числа - yupaykuna

езици
simikuna

английски
inklis simi

американски английски
amerikanu inklis simi

китайски мандарин
mandarin chinu simi

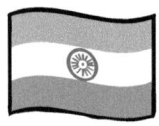

хинди
jindi simi

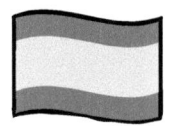

испански
castilla simi

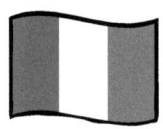

френски
fransis simi

арабски
arabia simi

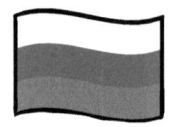

руски
rusia simi

португалски
purtugal simi

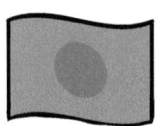

бенгалски
bingali simi

немски
alimania simi

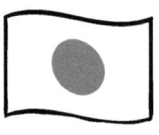

японски
japun simi

кой / какво / как
pi / ima / imayna

аз
ñuqa

ти
qam

той / тя / то
pay / pay / chay

ние
ñuqanchik

вие
qamkuna

те
paykuna

кой?
¿pitaq?

какво?
¿imataq?

как?
¿imaynataq?

къде?
¿maypitaq?

кога?
¿mayk'aq?

име
suti

къде
maypi

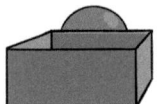

зад

qhipa

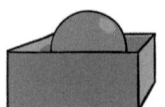

в

pi

пред

ñawpaq

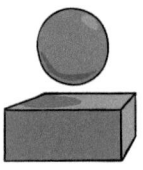

над

pantanpi

върху

pata

под

uranpi

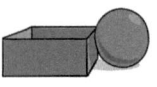

до

kuska

между

chawpi

място

chiqan